Man sieht nur mit dem Herzen gut ...

99 Ideen,
die glücklich machen

arsEdition

Man sieht nur mit dem Herzen gut ...

Während wir auf der Suche nach dem
großen Glück durch den Alltag eilen, übersehen
wir manchmal die vielen Kleinigkeiten,
die unser Leben schöner machen: eine liebevolle
Umarmung, der Duft einer Rose oder der Genuss
einer Tasse Tee im Sonnenuntergang.
Dieses Buch lädt uns zu einer inspirierenden
Entdeckungsreise ein, bei der wir von den zeitlosen
Weisheiten des kleinen Prinzen begleitet werden.
Der Kleine Prinz ermutigt uns dazu, die Welt
und das Verborgene hinter den Dingen zu betrachten,
und regt dazu an, unsere eigene Sichtweise
auf unser Leben liebevoll zu hinterfragen.
Die 99 inspirierenden Ideen sollen dabei helfen,
mit dem Herzen zu sehen und den
tieferen Wert des Augenblicks zu erkennen
und in vollen Zügen zu genießen!

Hier ist mein Geheimnis. Es ist ganz einfach:
Man sieht nur mit dem Herzen gut.
Das Wesentliche ist für die Augen unsichtbar.

DER KLEINE PRINZ

1

Male oder zeichne etwas,
das deine **Kreativität**
zum Ausdruck bringt.

»Warum sollen wir vor einem Hut Angst haben?«
Meine Zeichnung stellte aber keinen Hut dar.
Sie stellte eine Riesenschlange dar, die einen Elefanten verdaut.

DER KLEINE PRINZ

2

Tue etwas,
was du als Kind
früher gerne gemacht hast.
Baue eine Sandburg,
mach eine Wasserschlacht oder
lass einen Drachen steigen.

*Alle großen Leute sind einmal Kinder gewesen
(aber wenige erinnern sich daran).*

DER KLEINE PRINZ

Verbringe Zeit
in der **Natur** und bewundere
ihre Schönheit.

Die Zeit, die du für deine Rose verloren hast,
sie macht deine Rose so wichtig.

DER KLEINE PRINZ

Träumen ist schön,
planen noch besser.
Überlege dir, wie du dir einen
Lebenstraum erfüllen kannst,
und setze deinen Plan in die Tat um.

5

Lies ein Buch,
das dich inspiriert und
zum Nachdenken bringt.

6

Sei offen und hilfsbereit
gegenüber fremden Menschen.

*»Also auch du kommst vom Himmel!
Von welchem Planeten bist du denn?«*

DER KLEINE PRINZ

7

Gönne dir achtsame Momente,
in denen du einfach nur sein darfst
und nichts tun musst. Achte dabei
genau auf den Augenblick:
Lausche den Geräuschen
um dich herum, nimm Gerüche wahr
und schau, was sich vor
deinen Augen abspielt.

8

Melde dich mal wieder
bei einem Menschen,
von dem du schon lange
nichts mehr gehört hast.

Es ist traurig, einen Freund zu vergessen.
Nicht jeder hat einen Freund gehabt.

DER KLEINE PRINZ

9

Richte dir eine kleine
Wohlfühloase zu Hause ein.
Ein kleiner Rückzugsort,
zum Beispiel ein gemütlicher Sessel
mit einer kuscheligen Decke,
kann dein Wohlfühlort sein,
wo du zur Ruhe kommen kannst.

10

Beobachte einen
Sonnenuntergang und lerne,
den Moment zu genießen.

»Ich liebe die Sonnenuntergänge sehr.
Komm, lass uns einen Sonnenuntergang anschauen ...«

DER KLEINE PRINZ

Schenke jemandem
eine kleine Aufmerksamkeit,
um ihm eine Freude zu machen.
Ein selbst gebackener Kuchen,
eine Karte mit netten Worten
oder ein bunter Blumenstrauß –
der andere wird sich sicher
sehr darüber freuen.

12

Höre deine Lieblingsmusik

und lass dich
von den Klängen berühren.
Denn Musik tut Körper und Seele
einfach gut!

13

Schreib einen Brief

an einen lieben Menschen
und zeige ihm so,
dass du an ihn denkst.

14

Suche **das Bunte** im Alltag.
Wenn du mit offenen Augen
durch die Welt gehst,
kannst du ihre Schönheit
überall entdecken.

15

Teile ein Lächeln
mit einem Fremden
und verbreite so
etwas Freude.

16

Lass los, was dich belastet.
Erlaube dir, deine Sorgen
beiseitezuschieben und dir
etwas Gutes zu tun.
Ein kurzer sorgloser Augenblick hilft,
neue Kraft zu schöpfen.

17

Miste dein Leben aus.
Verbanne unnötige Sachen
aus deiner Wohnung und deinem Leben.
Denn Ordnung hilft dabei,
auch innerlich ruhig zu werden.

Mach einen Spaziergang
und achte auf die kleinen
Details um dich herum.

Umgib dich mit positiven Menschen,
die dich unterstützen und inspirieren.

20

Lerne etwas Neues.
Höre auf deine eigenen Leidenschaften.
Trau dich und sei mutig!

21

Träume dich **in die Ferne.**
Wie sieht dein persönlicher
Wohlfühlort aus?

22

Umarme einen lieben Menschen.
Eine herzliche Umarmung
tut gleich zwei Seelen gut.

23

Leg einen **Faulenzertag** ein.
Endlich mal wieder ein ganzer Tag
mit deinem Lieblingsbuch
und einer Tafel Schokolade.
Ganz ohne schlechtes Gewissen.

»Weißt du ... ich kenne ein Mittel,
wie du dich ausruhen könntest, wenn du wolltest ...«
Denn man kann treu und faul zugleich sein.

DER KLEINE PRINZ

24

Plane einen Ausflug oder eine Reise und freue dich auf neue Erfahrungen.

»Zieh es nicht so in die Länge, das ist ärgerlich.
Du hast dich entschlossen zu reisen. So geh!«
Denn sie wollte nicht, dass er sie weinen sähe.
Es war eine so stolze Blume.

DER KLEINE PRINZ

25

Mach eine Liste von Dingen,
für die du dankbar bist,
und erkenne die kleinen Freuden
des Lebens.

_____

_____

_____

_____

_____

_____

26

Schau zu den Sternen hinauf
und bewundere die
Schönheit des Universums.

Wenn du bei Nacht den Himmel anschaust, wird es dir sein,
als lachten alle Sterne, weil ich auf einem von ihnen wohne,
weil ich auf einem von ihnen lache.
Du allein wirst Sterne haben, die lachen können!

DER KLEINE PRINZ

Steh vor deinem Wecker auf.
Ein bisschen **mehr Zeit,** um morgens
mit einer Tasse Tee zu beobachten, wie die
Welt um dich herum langsam erwacht,
ist doch herrlich. Stell deinen Wecker etwas
früher und erkenne, wie sich die Extrazeit
positiv auf deinen Tag auswirkt.

Heute bleibt die Welt mal draußen!
Verbringe bewusst Zeit **offline.**
Lass dich nicht von Belanglosigkeiten
ablenken, sondern genieße
einfach den Augenblick.

29

Tausche dich mit
einem lieben Menschen über
etwas Wesentliches aus.

Die großen Leute haben eine Vorliebe für Zahlen.
Wenn ihr ihnen von einem neuen Freund erzählt,
befragen sie euch nie über das Wesentliche.
Sie fragen euch nie: Wie ist der Klang seiner Stimme?
Welche Spiele liebt er am meisten? Sammelt er Schmetterlinge?
Sie fragen euch: Wie alt ist er?
Wie viele Brüder hat er? Wie viel wiegt er? …
Dann erst glauben sie, ihn zu kennen.

DER KLEINE PRINZ

30

Genieße eine Tasse Tee
oder Kaffee und lass dich
vom Geschmack und Duft
verwöhnen.

31

Mach eine Fantasiereise.
Schicke deine Gedanken
auf eine Reise an einen Ort
deiner Wahl und stell dir vor,
was du siehst, riechst, fühlst und hörst.
Lass unsere Welt für eine Weile
hinter dir.

Lerne, loszulassen
und Dinge anzunehmen,
die du nicht ändern kannst.

DER KLEINE PRINZ

33

Halte inne.
Mach eine bewusste Pause
im Wirrwarr der Welt und schenke
den kleinen Dingen mehr Beachtung.

»Wenn ich eine Blume habe,
kann ich meine Blume pflücken und mitnehmen.«

DER KLEINE PRINZ

34

Fühle dich zusammen
mit einem Herzensmenschen
einfach unbesiegbar.
Schließlich seid ihr
das absolute Dream-Team!

Besuche eine Stadt,
die du noch nicht kennst –
die Welt steht dir offen.

»Was raten Sie mir, wohin ich gehen soll?«
»Auf den Planeten Erde«, antwortete der Geograf.
»er hat einen guten Ruf ...«

DER KLEINE PRINZ

Feiere **jede Jahreszeit** in ihrer
Farbenpracht. Das Leben ist bunt,
also genieße jede Facette davon.
Egal, ob grün im Frühling
oder orange im Herbst.
Zieh dich bunt an und freue dich
über die Farben in deinem Leben.

37

Lass dich von deinen Gefühlen
treiben und genieße jeden Moment so,
wie er kommt.

Wünsch dir was!

Wenn du eine Pusteblume
oder einen Regenbogen siehst,
schließe die Augen und glaube
ganz fest daran, dass dein
Wunsch in Erfüllung geht.

39

Nimm einen **Umweg** und staune,
was dir abseits der bekannten Wege
so begegnet.

40

Schreibe ein Gedicht
oder eine Geschichte
und bringe deine Kreativität
zum Ausdruck.

*Es ist sehr selten, dass ein Berg seinen Platz wechselt.
Es ist sehr selten, dass ein Ozean seine Wasser ausleert.
Wir schreiben die ewigen Dinge auf.*

DER KLEINE PRINZ

41

Lerne, Geduld zu haben,
denn manche Dinge brauchen
ihre Zeit …

In der Tat gab es auf dem Planeten des kleinen Prinzen wie
auf allen Planeten gute Gewächse und schlechte Gewächse. (…)
Aber die Samen sind unsichtbar. Sie schlafen geheimnisvoll
in der Erde, bis es einem von ihnen einfällt aufzuwachen.
Dann streckt er sich und treibt zuerst schüchtern einen
entzückenden kleinen Spross zur Sonne, einen ganz harmlosen.

DER KLEINE PRINZ

Verbringe **Zeit** mit einem Kind.

Kinder müssen mit großen Leuten viel Nachsicht haben.

DER KLEINE PRINZ

Sei **achtsam** und konzentriere dich
ganz auf den gegenwärtigen Moment.

(…) aber die Blume wurde nicht fertig damit,
sich in ihrer grünen Kammer auf ihre Schönheit vorzubereiten.
Sie wählte ihre Farben mit Sorgfalt, sie zog sich langsam an,
sie ordnete ihre Blütenblätter eins nach dem andern.

DER KLEINE PRINZ

44

Plane ein **Abenteuer**
und erlebe neue Orte und Kulturen.

45

Mach eine Liste von Dingen,
die dich glücklich machen,
und tue diese dann regelmäßig.

_____

_____

_____

_____

_____

_____

Man darf den Blumen nicht zuhören,
man muss sie anschauen und einatmen.

DER KLEINE PRINZ

46

Verliebe dich!
Liebe macht einfach glücklich.
Sei offen dafür. Und wenn du
schon verliebt bist, genieße
die Schmetterlinge im Bauch
jeden Tag aufs Neue.

Schreibe ein Glückstagebuch.
Finde in jedem Tag
deinen persönlichen Glücksmoment
und schreibe ihn auf.

»Ich möchte einen Sonnenuntergang sehen ...
Machen Sie mir die Freude ...
Befehlen Sie der Sonne unterzugehen ...«

DER KLEINE PRINZ

Blättere durch alte Fotoalben.
Schwelge in **Erinnerungen**
und denke lächelnd an die
schöne Zeit zurück.

Sei **dankbar** und nimm
nicht so vieles für selbstverständlich.
Mach dir bewusst,
dass es viele Gründe gibt,
um dankbar zu sein.

*»Es gibt eine Blume …
ich glaube, die hat mich gezähmt …«*

DER KLEINE PRINZ

50

Schließe neue Freundschaften.
Sei offen, neue Menschen
kennenzulernen, die dein Leben
bereichern können.

»Man kennt nur die Dinge, die man zähmt«, sagte der Fuchs.
»Die Menschen haben keine Zeit mehr, irgendetwas
kennenzulernen. Sie kaufen sich alles fertig in den Geschäften.
Aber da es keine Kaufläden für Freunde gibt, haben die Leute
keine Freunde mehr. Wenn du einen Freund willst,
so zähme mich!«

DER KLEINE PRINZ

Nimm dir spontan **einen Tag frei.**
Einfach so, weil du es dir verdient hast.
Zeit, auf einer Bank im Park zu sitzen
und das Leben um dich herum
zu beobachten, oder mit Freunden
einen Tag am See zu verbringen.

*Zuweilen macht es ja wohl nichts aus,
wenn man seine Arbeit auf später verschiebt.*

DER KLEINE PRINZ

52

Entwickle dich weiter und sei offen,
neue Dinge zu lernen.
Vielleicht eine neue Sportart
oder eine neue Sprache?

»Die Menschen bei dir zu Hause«, sagte der kleine Prinz,
»züchten fünftausend Rosen in ein und demselben Garten …
und doch finden sie dort nicht, was sie suchen (…).
Und dabei kann man das, was sie suchen, in einer einzigen
Rose oder in einem bisschen Wasser finden …«

DER KLEINE PRINZ

53

Besuche einen Ort deiner
Kindheit und bestaune, wie klein
die große Welt von damals wirklich ist.

*Ich glaube, dass er zu seiner Flucht
einen Zug wilder Vögel benutzt hat.*

DER KLEINE PRINZ

54

Teile eine schöne Erinnerung.
Melde dich bei einem
Lieblingsmenschen und erzähle ihm
von etwas Schönem, an das du
gerade gedacht hast.

*Wenn einer eine Blume liebt,
die es nur ein einziges Mal gibt
auf allen Millionen und Millionen Sternen,
dann genügt es ihm völlig, dass er zu ihnen hinaufschaut,
um glücklich zu sein.*

DER KLEINE PRINZ

55

Vollbringe eine gute Tat.
Ob du etwas spendest oder
jemandem bei einer Sache hilfst –
es zeigt Mitgefühl und trägt zum
allgemeinen Wohlbefinden bei.

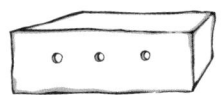

»Bei mir zu Hause ist wenig Platz.
Ich brauche ein Schaf. Zeichne mir ein Schaf.«
»Das ist die Kiste. Das Schaf, das du willst, steckt da drin.«
»Das ist ganz so, wie ich es mir gewünscht habe.«

DER KLEINE PRINZ

56

Kuscheln setzt Glückshormone frei!
Das klappt hervorragend
mit einem Lieblingsmenschen, dem
Haustier oder einem Kuscheltier.

57

Blumen machen glücklich.
Egal, ob selbst gepflückt oder gekauft –
ein bunter Strauß Blumen
hebt die Stimmung und zaubert
ein Lächeln aufs Gesicht.

»Ach!, ich bin kaum aufgewacht …
Ich bitte um Verzeihung … Ich bin noch ganz zerrauft …«
»Wie schön Sie sind!« »Nicht wahr? (…)
Und ich bin zugleich mit der Sonne geboren …«

DER KLEINE PRINZ

58

Mach ein bisschen Sport,
denn **Bewegung** tut gut.
Ja, du musst dich vielleicht aufraffen,
aber stell dir nur das super Gefühl
danach vor.

59

Nimm **Glücksmomente** bewusst wahr.
Schätze die kleinen und großen
Augenblicke, die dein Herz höher
schlagen lassen.

Wenn du eine Blume liebst, die auf einem Stern wohnt,
so ist es schön, bei Nacht den Himmel zu betrachten.
Alle Sterne sind voll Blumen.

DER KLEINE PRINZ

60

Greife nach den Sternen.
Verfolge **deine Ziele** und glaube
fest daran, dass du alles
schaffen kannst!

Für die einen, die reisen, sind die Sterne Führer.

DER KLEINE PRINZ

61

Suche ein vierblättriges Kleeblatt.
Auf einer schönen, grünen Wiese
bei Sonnenschein einfach mal
Zeit und Raum vergessen und
nach einem Glückskleeblatt suchen …
Wenn du es gefunden hast,
darfst du dir was wünschen.

62

Kleine Auszeiten für die Seele
tun gut! Mach bewusst eine Pause,
in der du z. B. Sport machst,
dich mit einem lieben Menschen triffst
oder die Nase in die Sonne streckst.
Das ist pures Glück im Alltagstrubel!

63

Schaukle dich glücklich.
Gönne dir wie früher als Kind
eine Runde Schaukel-Spaß
und schwinge unbeschwert
durch die Lüfte.

Sei mutig!
Spring über deinen Schatten
und überwinde deine Angst.
Du wirst über dich hinauswachsen!

Man muss von jedem fordern,
was er leisten kann.

DER KLEINE PRINZ

65

Lass bei einem himmlisch schönen
Sonnenuntergang den **Tag ausklingen.**
Die wechselnden Farben
und das sanfte Licht schaffen
eine beruhigende und entspannende
Stimmung. Perfekt, um den
inneren Frieden zu finden.

Pflanze (oder kaufe) eine Blume,
um die du dich bewusst kümmerst.

Du bist zeitlebens für das verantwortlich,
was du dir vertraut gemacht hast.
Du bist für deine Rose verantwortlich ...

DER KLEINE PRINZ

67

Wenn eine leise Stimme im Inneren
zu dir sagt, dass es an der Zeit ist,
die Welt zu entdecken, dann mach
einen Ausflug in die Natur und lass dich
von ihrer Schönheit verzaubern.

68

Besuche einen Zoo,
um die Vielfalt und Schönheit
der Tierwelt zu entdecken.

69

Pack alles für ein Picknick ein
und genieße die Leckereien
an deinem Lieblingsort in der Natur.

70

Lächle mal!
Ein Lächeln ist wie ein Zaubertrick,
der die Sorgen verschwinden lässt.

*Ach! Kleines Kerlchen, kleines Kerlchen!
Ich höre dieses Lachen so gern!*

DER KLEINE PRINZ

Finde Menschen, die deine
persönlichen **Glücksbringer** sind.
Freunde sind nämlich die Familie,
die du dir selbst aussuchen kannst und die
dir Glücksmomente bescheren!

72

Leg dich nachts auf die Lauer und warte auf eine Sternschnuppe.

Mein Stern wird für dich einer der Sterne sein.
Dann wirst du alle Sterne gern anschauen ...
Alle werden sie deine Freunde sein.

DER KLEINE PRINZ

73

Besuche ein Museum.
Lass dich durch die Räume treiben
und von fesselnden Kunstwerken
und Informationen inspirieren.

74

Benenne vor dem Schlafengehen
fünf Dinge, für die du **dankbar** bist.

1. _____

2. _____

3. _____

4. _____

5. _____

75

Schwelge mit einem
Lieblingsmenschen in gemeinsamen
Erinnerungen.

*Was sich der kleine Prinz nicht einzugestehen wagte,
war, dass er diesem gesegneten Planeten nachtrauerte,
besonders der tausendvierhundertvierzig
Sonnenuntergänge wegen, in vierundzwanzig Stunden!*

DER KLEINE PRINZ

76

Mach einen Ausflug in einen
botanischen Garten und lerne etwas
über verschiedene Pflanzenarten, um die
Schönheit der Natur zu entdecken.

Nimm dir Zeit für ein Gespräch
mit einem älteren Menschen.
Zeit mit anderen tut nicht nur gut,
man kann dabei auch aus deren
Lebenserfahrung lernen.

Wenn du zum Beispiel um vier Uhr nachmittags kommst,
kann ich um drei Uhr anfangen, glücklich zu sein.
Je mehr die Zeit vergeht, umso glücklicher werde ich mich fühlen.
Um vier Uhr werde ich mich schon aufregen und beunruhigen;
ich werde erfahren, wie teuer das Glück ist.
Wenn du aber irgendwann kommst, kann ich nie wissen,
wann mein Herz da sein soll ...

DER KLEINE PRINZ

78

Puste kleine Glücksbläschen.
Schon als Kind haben die
bunt schillernden Seifenblasen dich
verzaubert und zum Lachen gebracht.
Warum also aufhören,
Seifenblasen zu pusten?

79

Erklimme einen Gipfel.
Stell dich großen Herausforderungen
und wachse über dich hinaus.
Danach kannst du so richtig
stolz auf dich sein.

Zeichne ein Schaf.
Oder einen Fuchs. Oder eine Rose.
Malen entspannt, egal,
ob man es gut kann oder weniger gut.
Schaffe etwas mit deinen Händen
und entdecke so die Schönheit darin.

81

Verbringe einen Tag damit,
Wolken zu beobachten
und deine Fantasie
spielen zu lassen.

82

Welche **Werte**
sind dir wichtig im Leben?
Mach eine Liste:

Seine Arbeit hat wenigstens einen Sinn.
Wenn er seine Laterne anzündet, so ist es, als setzte er
einen neuen Stern in die Welt, oder eine Blume.

DER KLEINE PRINZ

83

Baue einen Drachen
oder ein kleines Papierflugzeug.
Lass dein Bastelwerk in den
Himmel steigen und spüre die Freiheit
und den Spaß am Fliegen.

84

Lache aus vollem Herzen.
Über einen Film, eine lustige
Begebenheit oder einen Witz.
Das Leben ist zu kurz,
um es allzu ernst zu nehmen.

»Du wirst immer mein Freund sein.
Du wirst Lust haben, mit mir zu lachen.«

DER KLEINE PRINZ

Mach einen Ausflug
ans Meer oder an einen See
und lass dich von der
Magie des Wassers inspirieren.

86

Besuche ein Planetarium
und erfahre mehr über das Universum und
seine Geheimnisse.

*Du, du wirst Sterne haben,
wie sie niemand hat ...*

DER KLEINE PRINZ

87

Überlege dir eine Morgenroutine.

Wenn man seine Morgentoilette beendet hat,
muss man sich ebenso sorgfältig
an die Toilette des Planeten machen.

DER KLEINE PRINZ

88

Mach was Verrücktes,
einfach nur zum Vergnügen!

z. B. _____

_____

Ich besitze drei Vulkane,
die ich jede Woche kehre.
Denn ich kehre auch den erloschenen.
Man kann nie wissen.

DER KLEINE PRINZ

89

Betrachte die Welt
bewusst mit **etwas Abstand**.
So bekommst du einen anderen Blick
auf die Dinge und wirst offen
für neue Impulse und Begegnungen.

90

Der Baum, dein Freund.
Suche dir einen Baum, der dir
Kraft spendet und Ruhe schenkt,
wenn das Leben mal wieder
turbulent ist.

91

Schreibe einen Brief
an dein jüngeres Selbst
und reflektiere über deine
bisherige Lebensreise:

92

Lies ein **Lieblingsbuch**
aus deiner Kindheit.

93

Zieh dich bewusst zurück
und entfliehe dem Alltagsstress.
Tue etwas, das dir hilft,
den Geist zu beruhigen und die Seele
in Einklang zu bringen.

94

Überlege dir ein Ritual, nur für dich, das dich glücklich macht.

»Was heißt ›fester Brauch‹?«, sagte der kleine Prinz.
»Auch etwas in Vergessenheit Geratenes«, sagte der Fuchs.
»Es ist das, was einen Tag vom andern unterscheidet, eine Stunde von den anderen Stunden.«

DER KLEINE PRINZ

95

Verbringe die Nacht in einem Zelt. Im Garten, Wohnzimmer oder auf dem Campingplatz – wo, ist vollkommen egal. Hauptsache, gemütlich und mit Taschenlampe.

Mach **das Beste** aus einem Regentag. Denke über Dinge nach, für die du dankbar bist, und schnapp dir dann einen Regenschirm, geh hinaus und mach einen langen Spaziergang.

Die Welt ist voller Erinnerungen.
Hänge eine Weltkarte auf und
markiere alle Orte, an denen du schöne
Erinnerungen gesammelt hast.

Ich habe die Wüste immer geliebt.
Man setzt sich auf eine Sanddüne.
Man sieht nichts. Man hört nichts.
Und währenddessen strahlt etwas in der Stille.

DER KLEINE PRINZ

98

Fühle dich geliebt.
Denke an einen Menschen,
der dich von ganzem Herzen liebt.
Was mag dieser Mensch
ganz besonders an dir?

_____

_____

_____

Gewiss, ein Irgendwer, der vorübergeht,
könnte glauben, meine Rose sei euch ähnlich.
Aber in sich selbst ist sie wichtiger als ihr alle,
da sie es ist, die ich begossen habe.
Da sie es ist, die ich klagen oder sich rühmen gehört habe
oder auch manchmal schweigen. Da es meine Rose ist.

DER KLEINE PRINZ

Sei stolz auf dich!

Halte einmal inne und denke
daran, was du schon alles
in deinem Leben erreicht hast.
Worauf bist du ganz besonders stolz?

*Ich muss wohl zwei oder drei Raupen aushalten,
wenn ich die Schmetterlinge kennenlernen will.
Auch das scheint sehr schön zu sein.*

DER KLEINE PRINZ

Der Kleine Prinz®

Le Petit Prince® *Der Kleine Prinz*®

Die Auswahl der Texte aus »Der Kleine Prinz« erfolgte mit freundlicher
Genehmigung des Karl Rauch Verlags, Düsseldorf © 1950 und 2021

© 2024 arsEdition GmbH, Friedrichstr. 9, D-80801 München
Alle Rechte vorbehalten
Gestaltung: Eva Schindler, Grafing
ISBN 978-3-8458-5789-3

www.arsedition.de

MIX
Papier | Fördert
gute Waldnutzung
FSC® C018236